AF263771

LE

DOCTEUR BILLARD.

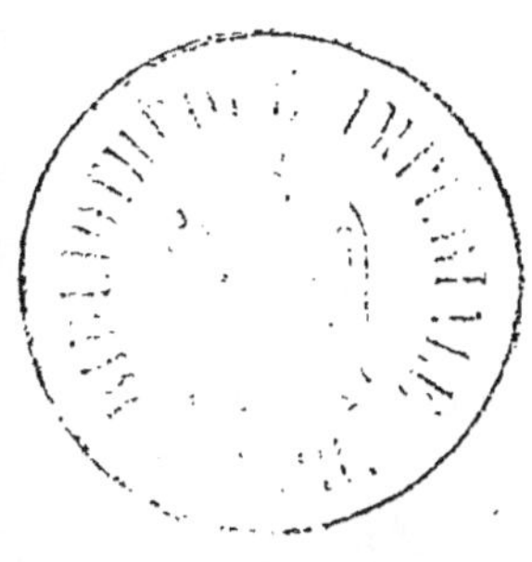

P. B. BILLARD. C. M.
H. BREVIÈRE
Lith. PERRAT aîné, à Rouen

LE DOCTEUR BILLARD.

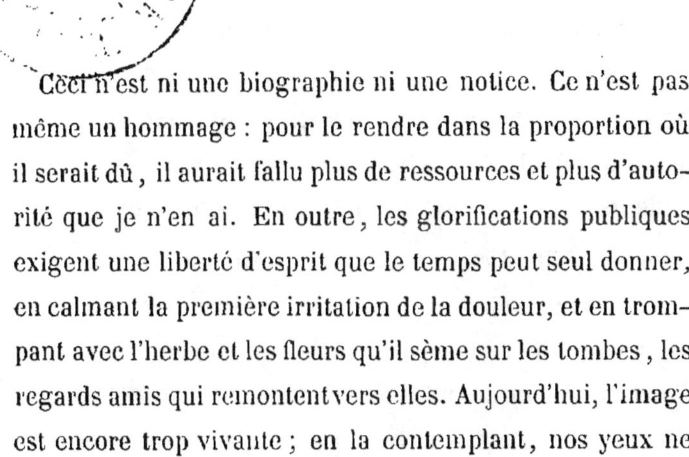

Ceci n'est ni une biographie ni une notice. Ce n'est pas
même un hommage : pour le rendre dans la proportion où
il serait dû, il aurait fallu plus de ressources et plus d'auto-
rité que je n'en ai. En outre, les glorifications publiques
exigent une liberté d'esprit que le temps peut seul donner,
en calmant la première irritation de la douleur, et en trom-
pant avec l'herbe et les fleurs qu'il sème sur les tombes, les
regards amis qui remontent vers elles. Aujourd'hui, l'image
est encore trop vivante ; en la contemplant, nos yeux ne
peuvent que pleurer. Aussi, qu'on ne recherche dans ces
lignes aucun effort vers le succès. Je n'écris pas, je me
souviens.

Ceux qui ont connu le docteur BILLARD, se rappellent, comme moi, cette belle tête au profil énergique, un peu sculptural, et qui semblait appeler la lumière sur ses lignes hardies. L'âge et la souffrance l'avaient encadrée de longs cheveux blancs qui la faisaient ressortir, encore avec plus d'éclat, sur le fond un peu obscur de l'appartement où il se tenait presque toujours pendant les dernières années de sa vie. La maladie ne lui avait rien enlevé de sa beauté. L'œil était resté pénétrant, le regard profond, la physionomie intelligente et mobile, fidèle à toutes les transparences d'une âme généreuse qui se passionnait avec la même ardeur pour le bien et contre le mal. Quelques heures après sa mort, une main filiale a rapproché de son visage un médaillon où un habile sculpteur l'avait reproduit en 1861. Il n'avait pas changé. La mort avait achevé de lui donner les tons pâles du marbre. Son inflexible ciseau se rencontrait avec celui de l'artiste, auquel la vie et ses fugitives couleurs avaient échappé, malgré tout son talent.

Si le docteur Billard avait des traits remarquables que la sculpture devait chercher à reproduire, je suis convaincu qu'il les devait à la noblesse de son âme au moins autant qu'à la nature. Même pour les témoins les plus aveugles, le visage reçoit, instant par instant, les impressions du cœur. Mais plus heureux que les autres miroirs, l'image s'y fixe après être apparue. Interrogez-le, et sans aucune magie, il vous dira les secrets de l'esprit qui l'anime. La laideur et la beauté morales se trahissent et se révèlent par là. Le docteur Billard le croyait, — et il avait raison.

Il a eu une belle vie, fière, courageuse, dévouée. Beaucoup ignorent par quelles épreuves elle a commencé. Né à Quillebeuf, le 4 juillet 1795, Pierre-Brutus Billard eût à lutter, dès l'enfance, contre les obstacles que la médiocrité de son patrimoine apportait à sa vocation libérale. D'une famille de marins qui a donné d'excellents capitaines à l'armement commercial et des officiers intrépides à l'Etat, il aurait plus facilement suivi leur carrière que celle où le poussaient ses goûts et sa légitime ambition. Sans appui, sans maître, presque sans ressources, il voulut affronter d'autres tempêtes, n'empruntant à ses pères que leur courage et leur dévoûment.

Dès l'âge de seize ans, il avait réussi à faire les études nécessaires pour être admis en qualité d'élève à l'hospice de l'Humanité. En 1815, les bâtiments de Saint-Yon servaient d'asile aux malades affectés du typhus épidémique que les armées avaient apporté en France, et auquel succombaient leurs derniers bataillons dispersés dans les hôpitaux. La municipalité aux abois fit appel au dévoûment des élèves. Aussitôt, le jeune Billard, à peine remis d'une fièvre typhoïde, vint, avec dix-huit camarades, s'installer dans les salles infectées. L'épidémie frappait sans relâche. Le médecin en chef, quatorze religieuses et seize de ces braves jeunes gens, moururent en quelques mois. Le fléau vaincu, les trois survivants quittèrent le champ de bataille. C'étaient MM. Billard, Motte (des Andelys), et Courtillet. (1)

La nomination de M. Billard, en qualité d'interne, à l'hospice de l'Humanité, le 19 juin 1816, ne fut pas une récompense : cette place était donnée au concours. Ni lui, ni ses collègues ne reçurent en échange de leur dé-voûment, autre chose que les remerciments du maire, M. Lézurier de la Martel, qui, désolé de ne pouvoir mieux faire, fit distribuer entre eux les couchures que les habitants avaient données pour les malades et ne voulurent pas reprendre, les croyant infestées.

Un si grand caractère, chez un aussi jeune homme,

_____

(1) Dans une intéressante brochure sur *les Epidémies qui ont régné dans l'arrondissement de Rouen*, de 1814 à 1850, M. le docteur Vingtrinier donne sur celle-ci d'effrayants détails: — « Des désastres, dont on voudrait perdre la mémoire, ame-nèrent de la campagne de France, un grand nombre de blessés vers Paris; les hospices de la capitale étaient encombrés et le typhus y régnait. Le ministre décida de faire descendre la Seine à un certain nombre de bateaux chargés de malheureux soldats de toutes les nations.

Rien n'était prêt à Rouen, mais il y avait heureusement à la tête de l'Administration municipale, un homme capable de lutter avec les grands événements, et le dépôt de mendicité, déjà à peu près abandonné, fut immédiatement, c'est-à-dire en quarante-huit heures, parfaitement organisé en hôpital. Il n'est pas sans intérêt de savoir comment s'y prit l'habile ad-ministrateur. Les habitants de la ville furent prévenus, par

toucha M. Flaubert, qui occupait déjà à Rouen, dans le monde médical, une position considérable ; et, dès-lors, son amitié lui fùt acquise. Elle se fortifia par le zèle qu'il voyait déployer à cet infatigable élève. Le jeune Billard sortit de l'Hôtel-Dieu le 17 mai 1821, avec le diplôme de docteur. Il y avait déjà dix ans qu'il fréquentait les hô-pitaux.

Il ne m'appartient pas de parler de la science du mé-decin. Des voix plus autorisées que la mienne l'ont déjà fait et souvent. Le docteur Billard s'est rencontré au pied du lit de malades illustres avec les sommités du corps médical de Paris. Il s'est tout de suite concilié leurs sympathies les plus vives et leur confiance la plus entière. Il arrivait parfois

des affiches, qu'il allait arriver un grand nombre de blessés et de malades atteints du typhus, que chacun devait se pré-parer à en recevoir ; toutefois, en seraient exempts, disait-on, ceux qui auraient envoyé, dans les vingt-quatre heures, une couchure complète, ainsi qu'il était indiqué dans l'af-fiche.

Le 13 février 1814, il arrivait 300 malades au Cours ; le 15 février, 500, et ainsi de suite jusqu'à 3 ou 4 milliers. Mais dans quel état, grand Dieu! On voyait sortir, un à un, de ces tristes bateaux, véritables cloaques flottants, ces pauvres militaires blessés, couverts de haillons, et, ce qui était plus affreux, atteints du typhus et couverts de gale et de ver-mine! » (P. 51).

M. Billard racontait qu'en visitant les pansements, il en avait trouvé un grand nombre faits avec de l'étoupe et du foin.

qu'un malade en quête d'avis, allait à Paris consulter quelque célèbre docteur, et que, celui-ci, en apprenant le nom du médecin de Rouen, disait : — « C'est Billard qui vous soigne ? Que voulez-vous de mieux ? Si j'étais embarrassé, je le consulterais. » — En effet, il avait acquis, surtout en matière d'accouchements, une grande réputation qui dépassait de beaucoup les limites de notre cité. Si quelque statisticien courageux pouvait compter le nombre énorme de femmes qu'il a accouchées, et dans quelle proportion il sauvait même les plus compromises, on serait tenté de croire à quelque chance merveilleuse attachée aux pas de l'opérateur. Que de fois j'ai entendu des malades, des confrères, dire : — « Billard est heureux, la mort ne veut pas de ses malades ! » — Etait-ce là un jugement bien rendu ? Ne vaudrait-il pas mieux dire aujourd'hui : — « Billard était attentif, dévoué, perspicace et savant. Il luttait avec le mal, de finesse et de rapidité, et il en triomphait. » — Cela serait plus juste. Je ne crois pas aux hasards heureux pendant cinquante ans.

Ce que je peux affirmer, malgré mon incompétence en matière médicale, c'est l'excellence des remèdes qu'il préférait à tous les autres : je veux dire les remèdes psycologiques. Quand il arrivait au chevet de ses malades, d'abord il soignait l'âme. Deviner ses secrètes blessures, ses inquiétudes, ses défaillances, ranimer son courage abattu, panser ses plaies par de bonnes paroles et faire tout cela

avec tant de discrétion et de tact, que les susceptibilités
les plus défiantes ne s'éveillaient même pas; c'était là son
premier talent. Paternel et rieur avec les enfants, plein de
délicatesse avec les femmes, condescendant avec les vieil-
lards, à la fois ferme et doux, spirituel et attentif, il se
conciliait toutes les sympathies. D'un dévoûment extraor-
dinaire pour ses malades, se livrant à eux tout entier, jour
et nuit, il avait poussé, je pourrais presque dire, exagéré
ses scrupules, jusqu'à refuser dans les hôpitaux un service
important, la chaire d'anatomie, que le docteur Orfila vou-
lait lui faire donner à Rouen, mais dont il supposait ne
pas pouvoir concilier les devoirs avec ceux que lui im-
posait sa clientèle.

L'instinct populaire ne s'y trompait pas. Je voudrais lui
donner pour juges tous les pauvres du bureau de bienfai-
sance de Saint-Paul, qu'il a soignés pendant vingt-six ans,
à partir du 22 décembre 1829; tous les enfants de l'Ecole
chrétienne de Saint-Sever, dont il a été également le médecin; tous les pauvres marins de Quillebeuf, qu'il avait
connus dans son enfance, dont il s'est fait le protecteur et
le soutien. Ne faisant que suivre en cela une des traditions
les plus fidèles du corps médical, il accueillait le malade
indigent avec la même sollicitude que le riche. Aussi,
admiré par beaucoup, estimé par tous, il acquit bientôt
une notoriété qui le désignait aux fonctions honorifiques.
En décembre 1845, il fut nommé chirurgien aide-major du

4ᵉ bataillon de la garde nationale, et le 12 février 1849,
chirurgien-major de la légion. La croix de la légion-d'hon-
neur lui fut donnée le 14 juin 1856. C'était le couronnement
de ses distinctions honorifiques. Il n'en avait jamais eu de
rétribuées.

Cette décoration récompensait en même temps le zèle et
la rare intelligence qu'il avait déployés dans un service
auquel il fut appelé le 10 avril 1848, celui de Membre, et
en 1853, celui de Président de la Commission administrative des Hospices de Rouen. Difficiles pour tout le monde,
ces fonctions exigeaient de la part du premier médecin
auquel elles étaient confiées, une mesure et une délicatesse extraordinaires. Ses connaissauces professionnelles
l'aidaient à découvrir les abus, s'il en existait. Mais les
convenances de sa situation personnelle et de la confra-
ternité, lui imposaient une réserve qu'il a su constamment
tenir en éqnilibre avec l'accomplissement infaillible de ses
devoirs les plus rigoureux. Les hospices lui sont restés
reconnaissants; et la Commission administrative n'a pas
voulu laisser se refermer la tombe de son ancien Président,
sans lui rendre un dernier hommage, par la voix de
M. Moulin, après un discours très-intéressant de M. le
docteur Courtillet.

Cette tombe s'est fermée trop tôt, le 12 septembre 1866.

Notre pauvre docteur luttait depuis cinq ans contre les
longues épreuves et les rudes fatigues du devoir sans cesse

accompli. Depuis cinq ans, le dévoûment de sa famille, les soins les plus tendres et les plus assidus, prolongeaient seuls son existence épuisée. Mais, de temps en temps, ils réussissaient à lui rendre les apparences de la santé. Nous retrouvions alors le cher docteur d'autrefois, l'ami vénérable de nos jeunes années, le causeur spirituel et fin, le juge sagace et pénétrant, l'adorateur convaincu de la sagesse divine. Père heureux et fier, il voyait tous les siens réunis autour de son fauteuil, et parmi eux le jeune et habile confrère dont il avait fait son gendre.

C'est là, dans sa maison, au milieu de ses enfants et de ses petits-enfants, que la mort est venue le chercher. Il l'a reçue avec le courage du soldat et la résignation du chrétien. Il l'avait combattue bien des fois. Son tour était venu de le vaincre, mais elle ne sût pas le tromper. Il n'avait plus qu'un jour à vivre, quand, debout près de son lit, et tenant sa main dans la mienne, je lui dis un adieu sur la durée duquel je voulais me faire illusion. « Au revoir, » lui disais-je. D'abord, il garda le silence; puis, élevant ses regards et d'une voix un peu triste, mais qui ne tremblait pas : « Au revoir dans le ciel ! » me répondit-il. Ce sont les derniers mots qu'il m'ait dits, — et j'y crois.

H. F.

Rouen, le 1er Octobre 1866.

ROUEN — IMPRIMERIE DE F, ET A. LECOINTE FRÈRES.

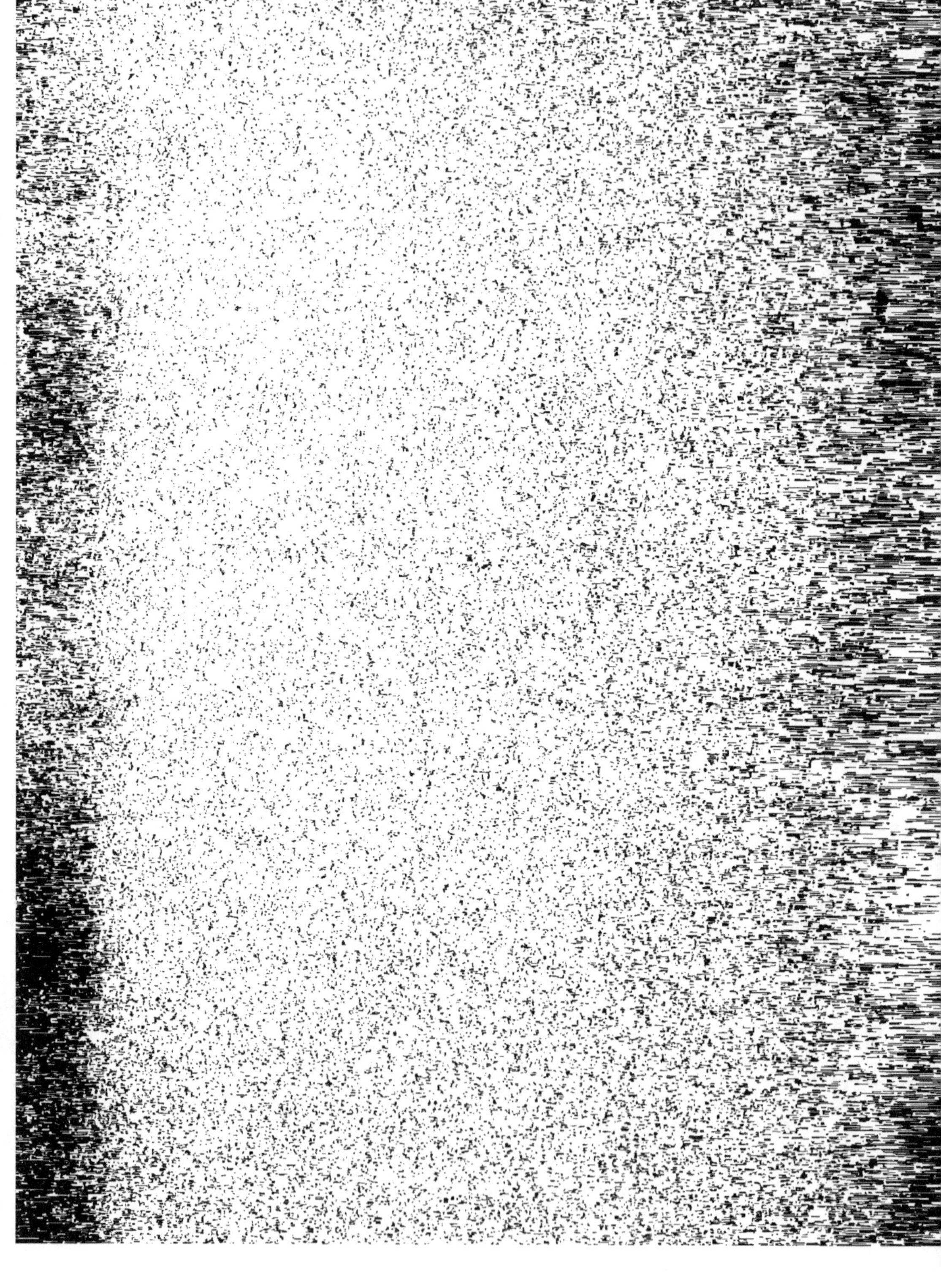